De verboden zolder

Paul van Loon

Met illustraties van Rick de Haas

Zwijsen

Lees! met

Paul van Loon

Plak hier je
eigen foto.

Inhoud

1. Het huis

De taxi stopt voor het grote huis met de brede oprijlaan.
'Zo, jongedame, we zijn er,' zegt de taxichauffeur.
Hij opent het portier voor Tika.
Daarna haalt hij haar koffer uit de achterbak.
Het is een lichtblauw koffertje, volgeplakt met gekleurde
plaatjes.
'Alsjeblieft, meisje,' zegt de taxichauffeur.
'Je vader heeft al betaald voor de reis.'
Hij schuift zijn pet naar achteren en kijkt naar het huis.
'Tjonge, wat een kast van een huis!
Hier wonen vast en zeker rijke stinkerds.
Ga jij hier op vakantie?'
Tika knikt.
'Dat huis is van oom Ren en Tante Zelda.
Papa moet een week voor zaken naar het buitenland.
Hij heeft oom Ren en Tante Zelda gevraagd of ik bij hen
mag logeren.'
'Je bent zeker dol op je oom en je tante,' zegt de
chauffeur.
Tika haalt haar schouders op.
'Dat weet ik niet.
Ik heb oom Ren en tante Zelda nog nooit gezien.'

Tika kijk de taxi na tot hij verdwijnt aan het eind van de
oprijlaan.

Ze pakt haar koffertje en loopt de stenen trap op naar de voordeur.

Ze moet op haar tenen gaan staan om bij de bel te kunnen.

Een schel, rinkelend geluid klinkt achter de deur, even later gevolgd door voetstappen.

Tak! Tak!

Hoge hakken op een stenen vloer.

De deur gaat langzaam open, met een piepend geluid.

In de opening staat een lange, magere vrouw.

Ze draagt een zwarte jurk en zwarte fluwelen handschoenen.

Haar gezicht staat strak.

Het is een hard gezicht, wit, als een masker van kalk.

De vrouw kijkt Tika onvriendelijk aan.

Haar ogen lijken wel van koud, groen glas.

'Ja? Wat wil je, kind?'

'Tante Zelda?' zegt Tika.

'Ik ben Tika.'

De uitdrukking van het witte gezicht verandert niet.

'O, nou, kom dan maar binnen,' zegt de vrouw.

Ze draait zich om zonder nog iets te zeggen.

Dat begint goed! denkt Tika.

Ze sjouwt haar koffertje achter de vrouw aan, de hal in.

Nieuwsgierig kijkt Tika rond.

De hal is donker en hoog en hij hangt vol schilderijen.

Tante Zelda blijft staan voor een deur aan het eind van de hal.

'Kom je nog?' zegt ze, met haar hand op de deurknop.

Ze duwt de deur open.

Tika ziet een grote, hoge woonkamer.

Donkere houten meubels, wandkleden.

Een groot houten karrenwiel hangt met een ketting aan het plafond.

Op het wiel zitten wel twintig lampen.

Tika ziet een brede trap die naar een overloop gaat.

Er is een open haard met een schoorsteenmantel van marmer.

Voor de haard staat een leunstoel en daarin zit een man.

Hij is net zo mager als tante Zelda en ziet er oud uit.

Tante Zelda gaat achter de stoel staan.

'Ren, je nichtje is er.'

'Dag, oom Ren,' zegt Tika zacht.

Oom Ren kijkt haar peinzend aan.

Hij heeft wallen onder zijn ogen, alsof hij dagenlang niet geslapen heeft.

Langzaam brengt hij een sigaar naar zijn mond.

Hij blaast een rookwolk uit en zegt: 'Zo, ben je daar!'

Tika kijkt hem vragend aan, maar oom Ren zegt niets meer.

Zijn gezicht verdwijnt achter een grijze rookwolk.

Wat is dit voor een huis! denkt Tika.

Niemand zegt 'hallo' of 'welkom'.

Tante Zelda staat nog steeds zwijgend achter de stoel.
Even kijkt Tika recht in haar groene ogen.
Ze schrikt.
Het is net of tante Zelda haar gedachten geraden heeft.
Maar dan zegt ze: 'Kom, ik zal je je kamer wijzen.'

2. Een aardschok

Tante Zelda neemt Tika mee naar boven.
Tika heeft nog nooit zo'n groot huis gezien.
Boven is een lange gang met tien deuren.
De gang maakt een bocht en vlak na de bocht is weer een trap.
'Is hierboven een speelzolder, tante?' vraagt Tika.
Tante Zelda kijkt Tika streng aan: 'Nee!
Er is wel een zolder, maar daar mag je niet komen!
Nooit, hoor je!'
'Waarom niet, tante?' vraagt Tika.
Ze is juist dol op zolders.
Zolders staan meestal vol leuke, oude spulletjes.
De ogen van tante Zelda lichten even op.
'De zolder is verboden voor kinderen, omdat hij gevaarlijk is.
De planken zijn verrot en de balken zijn vermolmd.
Je kunt door de vloer zakken, of een balk op je hoofd krijgen!'
Tika kijkt verlangend naar de trap.
Een verboden zolder is nog spannender dan een gewone zolder.
Maar tante Zelda blijft halverwege de gang staan.
'Dit is jouw kamer,' zegt ze.
'Het is een keurig nette kamer; ik wil dat dat zo blijft!
Zorg dat het geen rommel wordt!'

'Ja, tante.'
Maar bij zichzelf denkt Tika: stom mens!
Ik ben geen klein kind meer.

Als tante Zelda weg is, bekijkt Tika haar kamer eens
goed.
Het is een kale kamer, helemaal niet gezellig.
Een stoel, een bed en een kleerkast, dat is alles.
Nou ja, ik blijf hier maar een week, denkt Tika.
Ze schopt haar schoenen uit en springt op het bed.
Dat veert tenminste lekker.
Ze springt een paar keer op en neer.
Daarna pakt ze haar koffertje uit.
Er zit een stapeltje kleren in.
En natuurlijk haar lievelingspop, Lola.
Tika zet Lola tegen het hoofdeinde.
Ze gaat op het bed zitten, tegenover Lola.
Met een rimpel op haar voorhoofd zegt ze:
'Tijd voor een serieus gesprek, Lola.
Ik geloof dat ik het hier niet zo leuk vind.
Wat een eng mens is die tante Zelda, net een ouwe heks!
En oom Ren is helemaal een duf konijn.'
Met een zucht laat Tika zich van het bed af rollen.
'Maar weet je wat wel leuk is, Lola?
Er is hierboven een verboden zolder.
Daar wil ik wel eens stiekem een kijkje nemen.'
Haar ogen glanzen.

13

'Tante Zelda mag dat natuurlijk niet weten.
Misschien tovert ze me wel om in een pad, als ze erachter komt.'
Tika giechelt zachtjes.

Het is tijd voor het avondeten.
Tika zit met oom Ren en tante Zelda aan een grote tafel.
De lampen op het karrenwiel branden.
Ze werpen een krans van licht in de kamer.
De tafel is gedekt met porseleinen borden en zilveren bestek.
Alles is even prachtig.
Toch vindt Tika het niet gezellig.
Oom Ren en tante Zelda eten met strakke gezichten hun soep.
Ze praten haast niet met Tika.
Alleen tante Zelda zegt af en toe van die vervelende dingen.
'Was je handen voor je aan tafel gaat.'
'Mors niet met je soep.'
Tika krijgt een punthoofd van dat mens.
Het belooft een saaie avond te worden, maar na het eten gebeurt er iets merkwaardigs.
Oom Ren wil juist een sigaar opsteken.
Plotseling gaat er een trilling door de tafel.
De lepels en vorken rammelen op de borden en de kopjes dansen op de schoteltjes.

Tika kijkt geschrokken op.

Haar stoel schudt onder haar achterwerk.

Met twee handen grijpt Tika de tafelrand beet.

Het lijkt wel of de hele kamer beweegt.

In de kast rinkelt het servies.

De muren trillen en er vallen stukjes kalk af.

Het karrenwiel zwaait heen en weer en de lampen gaan
aan en uit.

Het vuur in de haard flakkert hevig, alsof er een storm
door de schoorsteen raast.

'Vervloekt, hij is weer bezig!' gromt oom Ren.

'Sst!' zegt tante Zelda en ze stoot oom Ren aan.

Haar ogen flitsen naar Tika.

Met een knal springt een van de lampen op het
karrenwiel kapot.

Dan is het voorbij.

Alleen het karrenwiel zwaait nog heen en weer.

Tika is lijkbleek geworden.

'Wat was dat?' vraagt ze.

'Niks!' zegt tante Zelda snel.

'Een aardschokje, dat komt wel vaker voor in deze streek.'

Maar Tika heeft duidelijk gehoord wat oom Ren zei!

'*Hij* is weer bezig!'

Maar wie is *hij*? denkt Tika.

3. Het spook

Tika ligt in bed, met Lola naast zich.
Het is pikkedonker in haar kamer en ze hoort geen enkel
geluid.
'Er gebeuren hier rare dingen, Lola,' zegt Tika.
'Ik geloof dat oom Ren en tante Zelda een geheim
hebben.
Wat zou er aan de hand zijn?'
Lola geeft geen antwoord.
'O, slaap je al?' zegt Tika.
'Dan ga ik ook maar slapen.'
Ze draait zich op haar zij en valt bijna meteen in slaap.

'De zolder, kom naar de zolder!'
Midden in de nacht schrikt Tika wakker.
Verbaasd wrijft ze in haar ogen.
Het was net of iemand haar riep.
'Kom naar de zolder!' hoort ze opnieuw.
De stem klinkt ergens ver weg in haar hoofd.
Ik droom, denkt Tika en ze probeert weer te slapen.
Maar de stem blijft doorklinken in haar hoofd:
'De zolder, de zolder.'
Dan neemt Tika een besluit.
Met Lola onder haar arm glipt ze zachtjes uit bed.
'Kom mee, Lola,' fluistert ze.
Op haar blote voeten sluipt ze de gang op.

Ze kijkt links en rechts.

Het is aardedonker en doodstil.

Alleen door een van de ramen schijnt zwak wat maanlicht.

Na een poosje raken Tika's ogen aan het duister gewend.

Voetje voor voetje schuifelt ze door de gang.

Ze volgt de flauwe bocht die de gang maakt.

Daar ziet ze het zwarte gat van de zoldertrap.

Aan het andere eind van de gang klinkt opeens een geluid.

Verschrikt draait Tika zich om.

In de verte ziet ze een witte gedaante aankomen.

De gedaante lijkt op haar af te zweven door het duister.

Een spook! denkt Tika.

Angstig drukt ze zich met haar rug tegen de muur.

De witte gedaante is nu vlak bij haar.

Het is geen spook.

Het is tante Zelda in een fladderende, witte nachtjapon.

Ze draagt een kleine lantaarn die haar gezicht spookachtig verlicht.

Haar groene ogen glanzen fel.

Ze schijnt met de lantaarn in Tika's gezicht.

'Waarom sluip jij hier door de gang, kind?' vraagt ze.

Tika slaat haar ogen neer.

Ze moet snel een smoesje verzinnen.

'Ik ... eh ... zocht de wc, tante,' stottert ze.

Tante Zelda kijkt haar enige ogenblikken aan, alsof ze er

niks van gelooft.

'De wc is tegenover jouw kamer!' zegt ze ten slotte.

'Ik loop wel even met je mee.'

Met veel lawaai trekt Tika de wc door.

Tante Zelda staat op de gang te wachten met de lantaarn.

'Zo, en nu terug naar je bed!' commandeert ze.

'Ik wil niet meer hebben dat je hier 's nachts rondsluipt, begrepen?'

Tika knikt en gaat vlug haar kamer binnen.

Ze ligt nog een poosje wakker en tuurt voor zich uit in het duister.

'Er is hier iets heel geheimzinnigs aan de hand, Lola,' fluistert ze.

'En ik weet zeker dat het met de zolder te maken heeft!'

4. Dus ik ben een kreng!

De volgende dagen zijn saai en vervelend.
Tika moet binnen blijven omdat het de hele tijd regent.
Ze verveelt zich suf, alleen in het grote huis.
Oom Ren zegt nooit iets tegen haar.
Hij zit altijd in de grote leunstoel en staart stil voor zich uit.
Tika heeft nog geen kans gezien om naar de zolder te gaan.
Tante Zelda houdt haar voortdurend in de gaten.

Op een middag zit Tika met Lola voor de open haard.
De regen klettert tegen de ruiten.
Tika zucht en kijkt verveeld om zich heen.
Op de schoorsteen staat een lelijke, paarse vaas.
Er zit een dikke laag stof op.
Tika staat op en strijkt met haar vinger over de vaas.
'Laat dat!' klinkt onmiddellijk de stem van tante Zelda achter haar.
Ze kijkt Tika boos aan.
'Maar ik doe niks!' zegt Tika.
'Je mag niet aan die vaas komen!' zegt tante Zelda.
'Dat ding is antiek en heel duur!'
Tika voelt woede in zich opkomen.
Ze stampt keihard met haar voet op de vloer.
'Ik mag hier niks!' roept ze.

21

'Dit is een saai, stom huis.

Ik wou dat ik weer thuis was!'

Met Lola onder haar arm stormt ze langs tante Zelda de trap op.

Tante Zelda is zo verrast, dat ze geen vin verroert.

Halverwege de trap komt Tika oom Ren tegen.

Hij kijkt verbaasd op als Tika langs hem schiet.

Zonder iets te zeggen holt ze verder.

Boven aan de trap blijft ze hijgend staan.

Beneden in de kamer klinkt de stem van oom Ren.

'Wat is er gebeurd, Zelda?

Tika stuift hier als een wervelwind door het huis.'

'Het is jouw schuld, Ren,' antwoordt tante Zelda.

'We hadden dat kind nooit in huis moeten nemen!'

Tika hurkt stilletjes neer boven aan de trap en luistert.

'Ik kon toch niet weigeren!' hoort ze oom Ren zeggen.

'Haar vader is mijn neef.

Bovendien blijft ze maar een paar dagen hier.'

'Toch is het fout!' antwoordt tante Zelda.

'Dat kleine kreng is veel te nieuwsgierig.

's Nachts sluipt ze door de gang.

En net zat ze met haar tengels aan de vaas.

Daar komen moeilijkheden van, Ren.

Stel je voor dat ze iets ontdekt!'

Tika voelt haar hart in haar keel bonzen.

Zo, dus ik ben een kreng! denkt ze.

Dus ik ben te nieuwsgierig!

Ze gaat rechtop staan met gebalde vuisten.
'Reken maar dat ik nieuwsgierig ben, Lola,' fluistert ze.
'En als het moet, kan ik ook een kreng zijn.
Ik zal uitvinden wat hier aan de hand is!'

5. De verboden zolder

De hele middag blijft Tika boos op haar kamer.
Pas tegen de avond gaat ze naar beneden.
Als ze de trap af loopt, hoort ze geen enkel geluid.
'Oom Ren? Tante Zelda?' roept ze.
Geen antwoord.
Het huis is verlaten.
Oom Ren en tante Zelda zijn blijkbaar gaan wandelen.
De zolder! denkt Tika meteen.
Nu heb ik de kans om daar een kijkje te nemen.
Ze holt terug naar boven en haalt eerst Lola uit haar
kamer.
Daarna loopt ze snel door de gang tot aan de zoldertrap.
De trap kraakt onder haar voeten.
Boven aan de trap is een deur.
Er zit geen slot op de deur.
Tika duwt de klink omlaag en de deur zwaait krakend
open.
Voorzichtig zet ze een voet op de houten vloer.
De vloer voelt stevig aan.
Helemaal niet verrot, zoals tante Zelda heeft gezegd.
Nieuwsgierig kijkt Tika rond.
De zolder is in het halfduister gehuld.
Ze ziet dikke balken en overal staan dozen.
Er is een dakraampje waardoor schemerig licht valt.
Tika snuffelt wat in de dozen.

Er zit niets bijzonders in: oude gordijnen, lampen, papieren, troep.

Moeten ze daarom zo geheimzinnig doen? denkt Tika.

Dan ziet ze een kist in een hoek, achter een schuine balk.

Het is een zwaar houten geval, met ijzer beslagen.

Hij zit onder het stof en is afgesloten met een ijzeren hangslot.

Er steekt geen sleutel in het slot.

Tika zucht van teleurstelling.

'Wat jammer, Lola!

Die kist heeft vast iets met het geheim van dit huis te maken.'

Ze gaat op haar knieën voor de kist zitten.

Met haar wijsvinger tekent ze figuren in het stof op het deksel.

'Er moet ergens een sleutel zijn, maar waar, Lola?'

'Onder de vloer, de derde plank vanaf de deur.'

Verschrikt kijkt Tika om zich heen.

In het licht van het dakraam dwarrelen kleine stofjes.

Het is doodstil en er is niemand te zien.

'Onder de derde plank, vanaf de deur.'

De stem klinkt in haar hoofd, heel zacht.

'Wat raar, ik hoor een stem, Lola,' fluistert Tika.

'Of denk ik dat nou zelf?

Maar waarom denk ik zoiets raars?'

Ze kijkt naar de deur en dan naar de derde plank.

'Zou de sleutel daar echt liggen, Lola?'

Ze zet Lola naast de kist en loopt naar de plank.
Ze buigt zich voorover en raakt hem aan.
De plank ligt los!
Tika's hart begint sneller te kloppen.
Ze wurmt haar vingers tussen de spleet.
De plank komt omhoog.
Tika houdt haar adem in.
Ze ziet een kleine ruimte onder de plank.
In dat duistere holletje ligt een blinkende sleutel.

6. Het schrift

Tika heeft een kleur van opwinding.
Voorzichtig steekt ze de sleutel in het hangslot.
'Als hij nou maar past, Lola,' fluistert ze.
Ze draait de sleutel om.
Het slot springt open en Tika geeft een juichkreet.
Met twee handen duwt ze het deksel omhoog.
Ze hoest van het stof.
Nieuwsgierig kijkt ze in de kist.
Er liggen drie dingen in: een portret van een jongen, een
pop en een oud, gevlekt schoolschrift.
Tika pakt het schilderij vast en bekijkt het aandachtig.
De jongen heeft blond haar en blauwe ogen.
Hij lacht stralend en de sproeten rond zijn neus lijken te
dansen.
'Vreemd, Lola,' zegt Tika.
'Waarom hebben ze dit schilderij verstopt op zolder?'
Ze legt het schilderij neer en kijkt naar de pop.

Het is de vreemdste pop die ze ooit gezien heeft.
Hij heeft een oud, gerimpeld gezicht, vol sproeten.
Op zijn hoofd staat grijs haar dat naar alle kanten piekt.
Zijn ogen zijn gesloten.
Het vreemde aan de pop is dat hij zo echt lijkt.
Alsof hij slaapt en elk moment wakker kan worden.
Hij lijkt zo eenzaam in de kist.

'Ik neem hem mee naar mijn kamer, Lola,' fluistert Tika. 'Het is toch zielig om zo'n oude pop in een kist op te sluiten!'

Ze zet de pop naast Lola neer en pakt het schrift uit de kist.

Op de voorkant staat met blokletters:

Johan Paardekop

'Dat is natuurlijk die jongen op het schilderij,' mompelt Tika.

Ze slaat het schrift open en begint te lezen.

Het handschrift is kriebelig.

Vandaag is het 14 maart in het jaar 1948.
Ik voel me alleen in dit grote huis.
Daarom ga ik maar in dit schrift schrijven.
Dan is het net of ik met iemand praat.
Het ongeluk van papa en mama is nu drie maanden geleden.
Ren en Zelda doen wel aardig tegen me, maar ik ben bang voor Zelda's ogen.
Soms kijkt ze me zo eigenaardig aan.
Als een spin die naar een vlieg loert.
Ook Ren vertrouw ik niet meer.
Vroeger toen papa en mama er nog waren, was hij altijd beleefd.

Maar nu legt hij gewoon zijn voeten met zijn laarzen op tafel.
Dat is toch niets voor een bediende!

O, dus oom Ren en tante Zelda zijn eigenlijk bedienden! denkt Tika.

Dit huis is niet van hen.

Maar waar is Johan Paardekop dan gebleven?

Beneden in de hal klinkt een slag.

'Oei, de voordeur!

Ze zijn thuis!' mompelt Tika.

Ze laat het deksel van de kist dichtvallen.

Vlug doet ze de kist op slot.

De sleutel verstopt ze weer onder de plank.

Ze duwt het schrift onder haar trui.

Daarna loopt ze met Lola en de vreemde pop onder haar armen naar de deur.

'Tika!' roept tante Zelda vanuit de hal.

Tika geeft geen antwoord.

Ze doet de deur dicht en sluipt de trap af.

'Tika!'

Tante Zelda staat nu onder aan de trap.

Op haar tenen sluipt Tika door de gang naar haar kamer.

Ze hoort tante Zelda de trap op komen.

Net op tijd bereikt Tika haar kamer.

Ze glipt naar binnen en doet de deur zachtjes dicht.

In de gang klinken de voetstappen van tante Zelda.

Snel verbergt Tika het schrift onder haar kussen.
De vreemde pop verstopt ze onder haar bed.
Dan gaat ze zelf op bed liggen, met Lola in haar armen.

De deur gaat open en tante Zelda kijkt om de hoek.
Tika gluurt naar haar door de spleetjes van haar ogen.
Ze beweegt niet en doet alsof ze slaapt.
Ik hoop dat die oude heks gauw weer weggaat, denkt ze.
Dan kan ik verder lezen in het schrift van Johan
Paardekop.
'Waarom geef je geen antwoord als ik roep?' vraagt tante
Zelda kwaad.
Tika gaat rechtop zitten en wrijft in haar ogen.
'Ik sliep, tante.'
Tante Zelda snuift luidruchtig.
'Dat zal wel!' zegt ze.
Achterdochtig kijkt ze de kamer rond.
Dan wordt er gebeld aan de voordeur.
Tante Zelda loopt naar het raam en kijkt naar beneden.
'Verdraaid, daar is de dokter weer!' mompelt ze.
Snel loopt ze Tika's kamer uit.
Dokter?
Wat voor een dokter? denkt Tika.
Ze springt van het bed en loopt vlug naar het raam.

7. Een zielige, oude man

Tika schuift het raam zachtjes open en buigt zich
voorover.
Het is al bijna donker buiten.
Beneden voor de deur staat een oude man.
Zijn haar is helemaal wit.
Hij heeft een kale plek boven op zijn kruin.
Tika gluurt over de vensterbank.
Ze hoort hoe de voordeur piepend opengaat.
Geel licht uit de hal valt op het stoepje.
Ze hoort de stem van tante Zelda.
'Wat moet jij nou weer, dokter?
We hebben je lang geleden betaald voor je diensten.
Wil je ons nu eindelijk met rust laten!'
De oude man steekt een hand uit, waar een beurs in ligt.
'Ik wil het geld niet meer,' zegt hij.
Zijn stem klinkt oud en beverig.
'Het is niet goed wat we gedaan hebben.
De jongen laat me niet met rust.
Hij spookt steeds door mijn hoofd, al jarenlang!
Er zullen nog ongelukken gebeuren!'
Tika buigt zich nog iets verder voorover.
Ze kan net de handen zien van tante Zelda in de
deuropening.
Die handen schieten naar voren en duwen de oude man
weg.

Hij struikelt en valt achterover.

'Je moet ons met rust laten!' roept tante Zelda.

'En dat geld willen we niet terug.

Rot op!'

Met een klap wordt de voordeur dichtgesmeten.

De dokter ligt nog op de grond.

Tika heeft medelijden met hem, maar ze durft niet naar hem te roepen.

Langzaam komt de oude man overeind.

Hij daalt hoofdschuddend de stenen trap af.

Nog eenmaal kijkt hij om naar het huis.

Dan verdwijnt hij in de schemering.

Tika schuift het raam dicht en gaat op het bed zitten.

Ze knijpt één oog dicht en kijkt Lola peinzend aan.

'Het wordt wel heel erg geheimzinnig, Lola!

Aardschokken, een verboden zolder, een verstopt schilderij, een geheim schrift!

En nu die zielige, oude dokter.

Wie is die jongen over wie hij het heeft?

Zou dat Johan Paardekop zijn?

En wie is *hij*, waar oom Ren het over had?'

Het begint te duizelen in haar hoofd.

Ze laat zich achterover op het bed vallen en staart naar het plafond.

Terwijl ze zo ligt, gaat er een trilling door de matras.

Het bed begint te schudden.

De kleerkast kraakt en de gordijnen dansen heen en weer voor het raam.

Beneden in de woonkamer slaakt tante Zelda woedend een kreet.

Het bed schokt en steigert als een wild paard.

Lola vliegt door de lucht en Tika rolt van het bed op de grond.

Na een poosje wordt het weer rustig in de kamer.

Tika veegt een lok haar uit haar ogen.

'Aardschokken,' mompelt ze.

'Je kunt me nog meer vertellen; het spookt hier!'

Opeens denkt ze aan het schrift van Johan Paardekop.

Ze haalt het snel onder haar kussen vandaan.

Misschien staat in dit schrift wat hier aan de hand is, denkt ze.

Het is te donker in de kamer om te lezen.

Ze knipt het lichtje boven haar bed aan.

Bijna geeft ze een gil van schrik.

Ze ziet de vreemde pop.

Hij zit op de stoel aan het voeteneind van het bed.

Hoe komt hij daar terecht? denkt Tika.

Ik had hem toch onder het bed verstopt!

Is hij soms door die aardschok op de stoel geslingerd?

Of is hij er uit zichzelf opgeklommen?

De pop zit stil op de stoel.

Zijn ogen zijn gesloten en zijn armen hangen slap langs zijn lijf.

Hij ziet er een beetje zielig uit.

'Och, er is niks griezeligs aan, Lola,' zegt Tika.

'Het is gewoon een pop.

Misschien heb ik hem toch zelf daar neergezet.

Laat hem daar maar zitten.'

Ze trekt haar knieën op en slaat het schrift open.

Vol aandacht begint ze te lezen.

Ik ben zo alleen!

Ik voel me niet goed!

Al dagenlang lig ik nou in bed.

Zelda zegt dat ik ziek ben en moet rusten, maar haar ogen zijn hard en kil.

Ze geeft niks om me en ik vertrouw haar steeds minder.

Ren heb ik al dagen niet gezien.

Hij komt nooit op mijn kamer.

Er komt ook nooit iemand anders op bezoek.

Alleen die rare dokter die nu een paar keer geweest is.

Zelda zegt dat het een goede dokter is.

Maar ik ben bang van hem.

Soms staat hij samen met Zelda achter in de kamer.

Ze mompelen zachtjes en kijken stiekem naar mij.

Het zijn net twee samenzweerders.

Ik moet geduld hebben, zegt Zelda.

De dokter maakt me wel beter.

Tika houdt even op met lezen.

'Wat zielig, Lola,' fluistert ze.
Snel slaat ze de bladzijde om.

Maar daar geloof ik niks van.
Ik voel me alleen maar slechter als hij geweest is.
Hij geeft me vieze drankjes die ik moet inslikken.
Ik ben zo alleen!!!
Vanmorgen toen ik wakker werd, ontdekte ik iets vreemds.
Iemand heeft zomaar een pluk haar van mijn hoofd geknipt.
Dat moet Zelda gedaan hebben.
Maar waarom?

Daar houdt de bladzijde op.
Johan Paardekop heeft verder niets meer in het schrift
geschreven.
'Wat vreemd, Lola,' zegt Tika.
Plotseling beweegt de deurklink met een zachte klik.
De deur gaat open en tante Zelda stapt naar binnen.
Tika kijkt verschrikt op.
Ze zat zo aandachtig te lezen, dat ze niets gehoord heeft.
Vlug stopt ze het schrift weg onder de deken.
Maar tante Zelda kijkt niet naar haar.
Ze kijkt naar de pop.
Haar witte gezicht wordt nog witter en haar mond valt
wijd open.
Dan begint ze afschuwelijk te krijsen.

8. Verpletterd!

Tika verstijft door het gekrijs van tante Zelda.
De vrouw ziet eruit, alsof ze een geest gezien heeft.
Met een ruk draait ze zich om naar Tika.
Haar ogen lijken op brandende, groene vlammen.
'Jij klein kreng!' sist ze.
'Jij bent stiekem op de zolder geweest!
Jij hebt die vervloekte pop uit de kist gehaald!'
Met een luide kreet stormt ze op het bed af.
Tika gilt en kruipt angstig weg onder de dekens.
Tante Zelda lijkt wel waanzinnig, zoals ze daar staat.
Haar haren hangen in slierten voor haar ogen.
'Klein loeder, akelige bemoeial!' schreeuwt ze.
Met een woeste ruk trekt ze de dekens van Tika af.
Tika rolt naar de andere kant van het bed.
'Hier jij, ik zal je!' krijst tante Zelda.
Tika valt van het bed op de grond.
Met angstige ogen kijkt ze op naar de tierende vrouw.
Op dat moment gaat er een siddering door het huis.
Er klinkt een krakend geluid.
In de muur verschijnt een scheur die steeds groter wordt.
De ruiten trillen, het bed schudt.
Tante Zelda schreeuwt opnieuw en staart naar de pop.
Hij zit nog steeds op de stoel.
Zijn ogen zijn nu wijd open.
De heldere, blauwe ogen kijken tante Zelda vol haat aan.

Tante Zelda deinst terug, haar gezicht vertrokken van angst.

'Ren, help me!' schreeuwt ze.

Dan stormt ze struikelend de kamer uit.

Beneden in de hal begint de bel keihard te rinkelen.

Tika krabbelt met een bleek gezicht overeind.

Ze pakt Lola op en houdt haar angstig vast.

Alles om haar heen lijkt te bewegen.

De kast schuift krakend en piepend bij de muur vandaan.

Het raam vliegt open en slaat klapperend tegen de muur.

Alleen de pop op de stoel zit doodstil te staren.

Tika kijkt even vol verbazing naar hem.

Onder haar voeten ontstaat plotseling een barst in de vloer.

Snel holt Tika de kamer uit, de gang op.

De vloer golft onder haar voeten.

De muren vertonen scheuren, het licht gaat aan en uit.

En de bel van de voordeur blijft maar rinkelen.

Zwaaiend op haar benen loopt Tika naar de trap.

Ze hoort de stemmen van oom Ren en tante Zelda.

'De pop, ze heeft de pop!' krijst tante Zelda telkens.

Tika loopt langzaam de trap af en kijkt de kamer in.

Het is een puinhoop; de vloer is bezaaid met glasscherven.

Tafels en stoelen liggen omver.

Brokken kalk vallen van de muren.

Het grote karrenwiel zwaait heen en weer aan de ketting.
De lampen flitsen aan en uit.
Oom Ren en tante Zelda staan midden in de kamer.
Ze houden elkaar vast.
Oom Ren wijst dreigend met een vinger naar Tika.
'Het is allemaal jouw schuld, bemoeial!'
Tika staat stil, halverwege de trap.
Ze staart omhoog naar het karrenwiel dat steeds harder
op en neer beweegt.
'Grijp haar, Ren!' krijst tante Zelda.
'Grijp dat kleine monster!'
Dat is het laatste wat ze zegt.
Knarsend breekt de ketting waaraan het karrenwiel hangt.
Met donderend geraas stort het wiel omlaag.
Boven op oom Ren en tante Zelda.
De klap waarmee het neerkomt is oorverdovend.
Tika staat als versteend op de trap.

Langzaam dringt het rinkelende geluid tot Tika door.
De bel! denkt ze.
Er is iemand aan de deur.
Vlug rent ze de hal in, naar de voordeur.

9. Het geheim van de pop

Het is de dokter.
Hij loopt meteen langs Tika de hal in, naar de
woonkamer.
In één oogopslag neemt hij de kamer in zich op.
Hij ziet het karrenwiel dat boven op oom Ren en tante
Zelda ligt.
'Ik heb ze nog zo gewaarschuwd!' zegt hij.
'Nu is het te laat.'
Hij trekt een gordijn van het raam.
Dat legt hij over het karrenwiel.
Daarna keert hij zich om naar Tika en kijkt haar aan.
'De pop, waar is de pop?'
'Bbboven,' stottert Tika.
Ze begrijpt niets meer van wat hier allemaal gebeurt.
'Haal hem, snel, voor het te laat is!' zegt de dokter.
Tika blijft aarzelend staan.
'Snel, kind, er is geen tijd te verliezen!' zegt de dokter.
'De pop is Johan Paardekop en hij is boos!'
Tika denkt dat de oude man gek geworden is.
Maar hij kijkt haar ernstig aan.
'Vlug meisje, de boel kan hier elk moment instorten!'
Dan holt Tika met grote sprongen de trap op.
Op sommige plaatsen brokkelen de treden af.
Maar ze bereikt ongedeerd haar kamer.
Even later is ze weer beneden met de pop.

De dokter loopt gebogen rond door de kamer.

Hij zoekt tussen de puinhopen.

'De haarlok, waar is de haarlok gebleven,' mompelt hij.

'Ze hebben hem natuurlijk op een geheime plaats verstopt.'

Wat wil de dokter nu met een haarlok? denkt Tika.

Toevallig valt haar blik op de paarse vaas.

Hij ligt in scherven naast de schoorsteenmantel.

Tussen de scherven ligt een pluk blond haar.

'Daar ligt een haarlok, meneer,' roept Tika.

'Aha!' zegt de dokter en hij loopt ernaartoe.

Van het plafond vallen grote brokken kalk naar beneden.

Met veel lawaai stort de trap plotseling in.

Maar de dokter bukt zich en raapt de haarlok op.

Hij pakt de pop en zet hem neer voor de open haard.

Dan werpt hij de haarlok in het vuur.

Hij maakt vreemde gebaren met zijn armen.

Daarbij mompelt hij onverstaanbare woorden.

Het vuur in de haard laait knetterend op.

Een witte rookwolk walmt de kamer in.

Met een schreeuw valt de dokter achterover.

Als de rook optrekt is de pop verdwenen.

Op zijn plaats zit een jongen met blond haar en sproeten:
Johan Paardekop.

Onmiddellijk wordt het doodstil in huis.

Niets beweegt meer, niets verschuift meer.

Kreunend komt de dokter overeind voor de open haard.

10. Een jongen van vijftig

Tika, Johan Paardekop en de dokter zitten op de
puinhopen in de woonkamer.
De dokter steunt met zijn hoofd op zijn handen.
'Ik ben een slecht mens, kinderen,' zegt hij.
'Net zo slecht als Ren en Zelda.
Veertig jaar geleden hebben zij iets vreselijks gedaan.
Ze waren de bedienden van de familie Paardekop.
Op een dag maakte Ren de remmen van de auto kapot.
De ouders van Johan reden in een afgrond en waren
dood.
Toen was Johan de eigenaar van het huis.
Hij was pas tien jaar en de enige erfgenaam.
Maar Zelda en Ren wilden het huis voor zichzelf hebben.
Daarom riepen ze mijn hulp in.
Ik ben namelijk niet alleen dokter, maar ook
heksenmeester.'
De dokter kijkt Tika en Johan somber aan.
Johan Paardekop heeft de hele tijd nog niets gezegd.
'Zelda en Ren gaven mij een beurs met geld,' zegt de
dokter.
'In ruil daarvoor moest ik Johan beheksen.
Als Johan er niet meer was, zou het huis voortaan van
hen zijn.
Maar ze konden Johan niet doden; dat zou te opvallend
zijn.'

De dokter zucht diep.

'Ik gaf Johan allerlei drankjes.

Daar werd hij slap en ziek van.

Toen hij sliep, knipte ik een haarlok van zijn hoofd.

Als je iemand behekst, heb je iets van hem nodig.

Een haarlok is voldoende.

Ik veranderde Johan in een pop en Zelda sloot de pop op in een kist.

Maar er was één ding dat ik niet kon beheksen: Johans geest!

Zijn geest bleef rondspoken door het huis.

Een geest heeft enorme krachten.

Hij kan dingen in huis verplaatsen en laten bewegen.'

Tika kijkt Johan verwonderd aan.

'Die aardschokken, dat deed jij dus!'

Johan knikt en nu spreekt hij voor het eerst.

'Veertig jaar lang heb ik woedend door het huis geraasd.

Maar Zelda en Ren raakten eraan gewend.

Er kwam nooit iemand anders in huis en ik gaf de moed op.

Ik werd vermoeid en mijn krachten namen af.

Toen verscheen jij.

Jij was mijn enige kans.

Ik verzamelde al mijn krachten en probeerde jou om hulp te vragen.'

'Ik hoorde soms een stem in mijn hoofd,' zegt Tika.

'Maar ik wist niet dat jij dat was.'

'Ik wilde je heus niet bang maken,' zegt Johan.

'Maar ik had hulp nodig.'

De dokter zucht nog eens heel diep.

'Ik wilde je ook helpen, Johan.

Ik had spijt van wat ik gedaan had.

Elke nacht zag ik je gezicht in mijn dromen, veertig jaar lang!

Maar Zelda en Ren lieten me niet meer binnen.'

Tika kijkt Johan met grote ogen aan.

'Veertig jaar lang, dus jij bent eigenlijk vijftig jaar!'

Johan knikt en grinnikt.

'Dat klopt, ik ben een jongen van vijftig.'

'De pop werd steeds ouder,' legt de dokter uit.

'Maar Johans geest niet.

Een geest wordt nooit ouder.

Daarom is Johan nog steeds tien jaar, nu hij weer een mens is.'

De oude man staat op.

'Ik ga nu,' zegt hij.

'Ik zal de politie waarschuwen.

Ik heb erg veel spijt van wat ik gedaan heb, Johan.'

Met gebogen hoofd sjokt hij de hal uit.

Tika en Johan blijven alleen achter.

Johan kijkt hulpeloos om zich heen naar de puinhoop in de woonkamer.

'En nu?' zegt hij.

'Nu wachten we op mijn vader,' zegt Tika.
'Hij komt morgenochtend en dan ga jij met ons mee.
Je mag vast wel bij ons komen wonen.'
Johan ziet er erg opgelucht uit.
'Gelukkig,' zegt hij, 'eindelijk weg uit dit huis!'
Tika legt haar arm om zijn schouders.
Zo wachten ze samen tussen de brokstukken tot het
ochtend wordt.

Als je naar deze foto's kijkt, zie je de mensen die in het verhaal voorkomen. Weet jij, na het lezen, wie iedereen is?

Papa met oom Ren en tante Zelda

De pop Johan

Mijn pop Lola

De dokter

Johan met vader, moeder en de bedienden Ren en Zelda

Tika met papa

Hoi lezer,
Leuk, dat je mijn boek hebt gelezen.
Hieronder zie je nog meer boeken van mij.
Lees ze allemaal! Veel plezier!
Groetjes,

Paul van Loon

LEES N!VEAU

	ME	ME	ME	ME	ME		
AVI	S	3	4	5	6	7	P
CLIB	S	3	4	5	6	7	8	P

geheim

Toegekend door Cito i.s.m. KPC Groep

De Nederlandse
Kinderjury
2009

2e druk 2011
ISBN 978.90.276.6881.3
NUR 282

Omslagontwerp: Eefje Kuijl
Lay-out: Rob Galema

© foto Paul van Loon: Renate Reitler
© 2008 Tekst: Paul van Loon
Dit verhaal is eerder verschenen in 1989
Illustraties: Rick de Haas
Uitgeverij Zwijsen B.V., Tilburg

Voor België:
Uitgeverij Zwijsen.be, Antwerpen
D/2008/1919/164